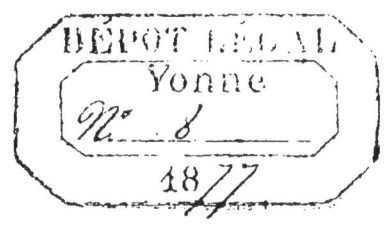

PIERRE BOURBOTTE

Né au Vault, près d'Avallon, le 5 juin 1763,

ADMINISTRATEUR DU DÉPARTEMENT DE L'YONNE EN 1791,

MEMBRE DE LA CONVENTION,

Envoyé à l'échafaud par la réaction thermidorienne
le 13 juin 1795,

Pour avoir aimé le Peuple et voulu faire respecter
la Constitution.

Parmi les ouvriers de la Grande Révolution s'est rencontré un petit groupe de martyrs qui mériteraient une histoire à eux seuls et dont l'Histoire générale, tardive souvent dans sa justice, commence à peine à prononcer le glorieux nom. Tant envers les vaincus est grande l'ingratitude ! Ce sont les *derniers Montagnards*, les *derniers des Romains*, comme les a appelés Quinet, les victimes généreuses de l'*Insurrection de prairial an III*.

On l'a dit maintes fois, la Révolution, comme Saturne, dévorait ses propres enfants ; elle s'était décimée elle-même dans de sanglantes querelles, et, en 1795, privée de ses chefs, sans tête pour le conseil, sans bras pour l'action, elle était livrée à la merci de quelques intrigants, de quelques audacieux, restes du Marais, qui n'avaient aucun motif d'ambition, pas même celui de l'intelligence. Eh bien ! dans cette heure suprême, les derniers Montagnards, sans avoir le génie de Danton, avaient au moins des dangers de la République une intelligence nette et profonde et ils tentèrent d'arrêter le gouvernement dans sa marche en arrière. Ils devaient tomber sous les coups de la réaction !

« Ils ont porté, un moment, une heure, la République et sa fortune. Ils étaient — comment dirai-je ? médiocres, mais l'on n'est point médiocre avec cette élévation d'âme, cette science profonde, cette indomptable vertu, — ils étaient sobres, convaincus, austères sans affectation, enthousiastes sans délire, singulièrement instruits d'ailleurs, et trempés par les tristesses des années qu'ils venaient de traverser. Ce groupe suprême suffisait pour le salut de la France Enveloppé dans une tempête populaire, il a disparu, dirait-on, comme le fondateur de Rome, dans un orage. A peine connu, il a été bientôt oublié. »

Et pourtant ces hommes « furent la protestation la plus ferme contre les excès tyranniques des thermidoriens. Honnêtes dans un temps où l'immoralité était remise à l'ordre du jour, convaincus à ces heures d'abjurations et de défaillances, dévoués à la cause de tous quand personne ne s'occupait plus que de ses intérêts privés, ils sont tombés à leur poste, soldats du droit, mourant sans phases et vraiment sublimes dans leur héroïsme bourgeois. (1) » (Claretie).

L'un d'eux, sinon le plus grand, au moins le plus sympathique, est un enfant du pays : il est né dans ce beau département de l'Yonne dont les représentants ont toujours tenu, et tiennent encore, haut et ferme le drapeau du progrès et du patriotisme. Tout le monde a nommé Bourbotte.

Bourbotte, Pierre, naquit au Vault, près d'Avallon, le 5 juin 1763, d'une famille de cultivateurs. Nature violente.

---

(1) *Les derniers Montagnards* ont désormais leur histoire, ils vivront à jamais dans la mémoire des Français, grâce au beau livre de M. Claretie, l'un des écrivains les plus féconds et les plus brillants de notre époque. C'est même grâce à l'amabilité de M. Claretie que nous avons pu introduire dans ce récit nombre de documents inédits empruntés à son livre. Notre meilleure manière de remercier M. Claretie sera encore de renvoyer nos lecteurs à son bel ouvrage.

Tous les extraits non signés sont de M. Claretie.

mais franche, de Bourguignon, Bourbotte se prononça de bonne heure en faveur des idées nouvelles, et, révolutionnaire décidé, se jeta dans le mouvement dès les premières années de la Révolution. C'est en qualité d'administrateur du département de l'Yonne que nous le voyons pour la première fois entrer dans la vie publique. Quand les anciennes provinces cédèrent la place aux départements actuels, dès que celui de l'Yonne fut divisé en sept districts, eurent lieu les élections municipales. L'administration du département, pour la partie délibérante, fut confiée à une assemblée élective de trente-six personnes formant le *Conseil* du département. (La partie active des affaires appartenait à un *Directoire* composé de huit membres en permanence choisis dans le sein du *Conseil* et par cette assemblée elle-même). Ces trente-six conseillers, nommés tous ensemble, devaient être renouvelés par moitié au bout d'un an. La première élection, en avril 1790, avait donné six administrateurs au district d'Auxerre, cinq à chacun des autres districts. Sur les dix-huit conseillers sortants en 1791 quatre seulement furent réélus, quatorze nouveaux furent appelés, parmi lesquels Bourbotte pour le district de Saint-Fargeau. Nous ne connaissons rien de son rôle au sein de cette assemblée; mais nul doute qu'il y ait porté l'ardeur, la décision et le zèle qui faisaient le fonds de sa nature. Homme bouillant, porté à la gaieté, capable de tous les dévouements, d'une hardiesse et d'un courage à toute épreuve, il était inflexible sur ses principes et les poussait parfois jusqu'à l'extrême avec son impétuosité ordinaire.

En 1792, envoyé à la Convention par le département de l'Yonne, il s'y prononce pour les mesures décisives et promptes. Dès le 16 octobre, il appuie une pétition des habitants d'Auxerre qui provoquait le jugement de Louis XVI et de sa famille, et demande lui-même la mise en accusation de la reine après avoir voté la mort de Louis XVI sans appel ni sursis. C'est lui qui se joint à Albitte et à Chabot pour s'opposer à ce qu'on recherche les complices des massacres de septembre. Ici, est-il défendu d'excuser l'excès du patriotisme et d'expliquer ces mesures, qui nous semblent atroces, par les circonstances qui les commandèrent ?

Bientôt Bourbotte, tant son courage était apprécié à cette heure terrible, quitte pour quelque temps la Convention pour parcourir les champs de bataille de la Vendée et des bords du Rhin. D'abord envoyé à Orléans pour y examiner la conduite des chefs de la légion germanique accusés d'incivisme, il reçoit ensuite une mission en Vendée où il devient un héros adoré du soldat. A cette époque où le patriotisme improvisait de grands généraux, Bourbotte, lui aussi, posséda d'intuition la science de la guerre et poursuivit avec une indomptable vigueur les rebelles qu'il était chargé de soumettre. A Saumur (juin 1793), dirigeant l'assaut, au premier rang, il a son cheval tué sous lui. Il se débat, et, entouré d'ennemis, se défend seul, de ses pistolets et de son sabre ; mais il est perdu, lorsque Marceau accourt et le dégage. Marceau ne devait pas être payé d'ingratitude. « Dans les premiers temps des fureurs de la guerre civile, le fanatisme, la vengeance et l'amour armaient dans la Vendée des milliers de femmes, qui, en proie à une cruelle exaltation, se complaisaient au milieu du carnage et se baignaient avec délices dans le sang des républicains. Les corps de cavalerie les plus impétueux, la plus redoutable infanterie étaient guidés par ces modernes amazones. L'une d'elles, belle comme une de ces divinités qu'Homère représente le casque en tête et la lance à la main, poursuivie par des soldats, accourt effrayée, la pâleur sur le front, les cheveux en désordre et tombe expirante aux pieds du général Marceau : « Sauvez-moi, s'écrie-t-elle ! » Il la relève, la rassure. Ce n'est plus Achille qui protége Briséïs, c'est la pitié qui s'attendrit à la vue de l'infortune suppliante, c'est un autre Scipion qui protége sa captive. Il la soutient, il affermit ses pas, il la confie à une famille vertueuse et, fixant une dernière fois ses regards sur les traits enchanteurs de cette femme, pour fuir le danger de la voir et se dérober à la reconnaissance, il s'éloigne et vole à Savenay achever la défaite des ennemis.

Une loi punissait de mort le républicain qui fait grâce à la rébellion. Marceau est dénoncé ; une Commission informe en secret, tout se prépare pour son supplice, lorsque Bourbotte, ce représentant qu'il avait arraché des mains des

Vendéens, accourt à Paris, se présente à la Commission, rappelle les services que le général a rendus à la France, démontre l'injustice des poursuites qu'on exerce contre lui, se fait donner les pièces du procès et les déchire............ »
(*Les Fastes de la Gloire.*) Marceau était sauvé !

Le 15 juillet suivant, au combat de Martigné-Briand, à la tête d'un corps de cavalerie, il combattit d'un grand courage. Manqué d'un coup de carabine, il fut blessé d'un coup de crosse par un Vendéen qu'il étendit à ses pieds. Le surlendemain, quoique blessé, il prend part au combat de Coron et se fait jeter à bas de son cheval.

« Il écrasait les Vendéens à toute rencontre, les poursuivait à outrance et envoyait sévèrement à la Convention les croix de Saint-Louis ramassées sur les rebelles et l'argenterie trouvée dans les châteaux. Ce farouche héros des champs de bataille était d'ailleurs le plus gai et le plus confiant des hommes. Il avait élevé, à Savenay, dans cette débâcle terrible des Blancs, à côté d'un tas de morts, un petit vendéen orphelin, Pierre Jarry. Il l'appelait « Savenay » et le faisait élever avec son propre fils. Joli homme et fort entouré, Bourbotte comptait plus d'un roman dans sa vie. Il apportait en toutes choses son éternelle impétuosité, détestant le caprice et n'aimant que la passion, comme en politique. Davout, son intime ami, lui reprochait toujours d'avoir la tête trop chaude. Bourbotte, acharné contre la presse, et poussant à l'excès son zèle révolutionnaire, fut bientôt accusé de menaces oppressives, rappelé par le comité de salut public et défendu par Carrier, qu'il devait plus tard, à son tour, essayer de sauver. La Convention l'envoya à l'armée du Rhin. »

« Les Français, maîtres de la rive gauche du Rhin, depuis Bâle jusqu'à Coblentz, n'avaient plus à conquérir que Mayence et le fort de Rheinfels, pour rester possesseurs tranquilles de tout le cours du fleuve. Le fort de Rheinfels défendait aussi la ville de Giwerhoo ; aussitôt que les habitants surent que les Autrichiens avaient évacué la forteresse, ils s'empressèrent d'apporter et de remettre les clefs de leur ville entre les mains du représentant du peuple Bourbotte et ce fut lui qui eut l'honneur de les faire passer à la Convention, ainsi que celles de Mayence. » (*Victoires et Conquêtes des Français.*)

Après avoir montré à l'armée de Rhin-et-Moselle les mêmes talents qu'en Vendée, Bourbotte revient promptement à Paris, rappelé par le 9 thermidor.

Fidèle à sa Montagne, il combat la faction dominante qui s'était élevée sur les ruines du parti républicain, et, comme à Saumur, à Martigné, à Coron, donne sa vie pour enjeu. C'est là, c'est à la tribune de la Convention que nous allons le retrouver aussi audacieux, aussi acharné que sur les champs de bataille; c'est là qu'il va, sans s'inquiéter des dangers qui le menacent, formuler avec la dernière énergie, les réformes que réclamaient et sa conscience et le salut de la patrie; c'est au sein de la Convention que va s'accomplir le court mais grand drame de sa vie, confondue avec la vie des rares fidèles de la Montagne, de la République et de la France.

Quelle était, en 1795, la situation intérieure de la République? Nous en avons dit quelques mots déjà au début. Tout ce que la Convention comptait d'hommes de génie, d'hommes de talent, avait vécu : Vergniaud et les Girondins, Hébert et les Enragés, Danton, C. Desmoulins et les Indulgents, s'étaient succédé à l'échafaud, victimes de fausses accusations et de jalousies réciproques. Maximilien lui-même, qui s'était élevé sur leur ruine commune, était tombé à son tour, et, au lendemain de thermidor, la République n'avait pour unique soutien qu'une petite phalange d'hommes de cœur et de talent que les plats thermidoriens allaient traquer jusqu'à la mort. Cette réaction thermidorienne, qui comptait dans ses rangs les déserteurs de tous les partis, de la Gironde comme de la Montagne, tous les *lièvres* de la plaine, formait au sein de la terrible assemblée une majorité hostile aux temps nouveaux, aux idées nouvelles, aux hommes nouveaux. Anéantir la République et restaurer les Bourbons. tel était le but avoué de ces royalistes du lendemain plus âpres que ceux de la veille.

« Une épouvantable réaction *affligea* la République. Les salons étaient ouverts, on discourait sans crainte; le parti de l'étranger, qui s'étayait du prétexte du rétablissement des Bourbons, acquérait chaque jour de nouvelles forces. *La perte de la République se tramait ouvertement.* » (Napoléon. *Dictées à Las Cases*).

Quant au moyen employé par les Thermidoriens pour abattre le peuple, c'était un moyen atroce. La guillotine de la Terreur était sans doute d'une brutalité terrible ; mais combien plus redoutable et plus affreuse était cette terreur blanche qui n'agissait et ne frappait que dans l'ombre. Les excès des Jacobins étaient des exécutions publiques et terribles ; ceux des contre-révolutionnaires étaient des assassinats sourds et isolés ; « de là vient que l'horreur populaire qui s'attache aux exécutions de la Terreur n'a pas atteint les assassinats de la réaction, qui fut pourtant aussi sanglante et encore moins légitime qu'elle. » (*Lavallée*). Eh bien ! ce moyen atroce, plus atroce que la guillotine, était la famine organisée. Il s'agissait tout simplement, au lieu de couper comme autrefois les têtes une à une, d'anéantir d'un seul coup, par la faim, un peuple tout entier. Des sauvages n'eussent pu être aussi barbares !

« Les domaines nationaux, dit Lavallée, ne se vendaient plus ; les assignats étaient discrédités ; l'agiotage le plus effréné s'exerçait sur toutes les valeurs et les objets de première nécessité. » « Tous les individus, même les plus étrangers aux spéculations, étaient à l'affût de chaque variation de l'assignat pour faire subir la perte à autrui, et recueillir eux-mêmes la plus-value d'une denrée ou d'une marchandise. » (*Thiers*). En même temps la famine augmentait : la ration journalière était fixée à trois onces de pain (91 grammes) et à quatre onces de viande par individu ; mais il n'y avait réellement que le peuple qui souffrît de la faim ; l'accaparement était si manifeste, qu'à trois onces de pain par individu, il n'eût fallu que trois cents sacs de farine pour l'approvisionnement de la ville ; or, cet approvisionnement était de deux mille sacs, c'est-à-dire suffisant, d'après la ration, pour quatre à cinq millions de personnes. L'historien le plus favorable au Girondins et aux Thermidoriens, Toulongeon, s'exprime ainsi à ce sujet :
« L'unique effet de l'abolition du *maximum* fut d'accroître le discrédit et de hâter la chute des assignats, qui tom-

bèrent bientôt dans un tel avilissement qu'il fallut 24,000 livres tournois pour payer une mesure commune de bois à brûler. Les subsistances de Paris étaient le prétexte du mouvement, et ce prétexte, sans être juste, était vrai. Les distributions venaient d'être réduites à deux onces de pain par jour. Il faut le redire encore, *la disette était tellement factice que l'abondance reparut avant la récolte de l'année.* »

Aussi, le peuple était-il plein de fureur contre les marchands, les riches, les agioteurs, qui se vengeaient du maximum par la disette, et contre le gouvernement qui laissait faire ce nouveau pacte de famine. Les femmes surtout qui passaient les nuits aux portes des boulangers et des bouchers et qui, leurs enfants à la main, se mettaient parfois de faux ventres pour obtenir le surcroit de ration des femmes enceintes, assiégeaient journellement la Convention de menaces et d'insultes avec l'audace et l'opiniâtreté de la faim, malgré les poursuites des muscadins qui les appelaient *Furies de guillotine*.

Naturellement, les anciens Jacobins étaient pour quelque chose dans les agitations populaires ; on ne tombe pas de la domination dans le mépris public, on ne s'entend pas traiter de brigand le lendemain du jour où on était traité de souverain sans une vive irritation. Mais ces puissances déchues eussent été absolument impuissantes sans cet auxiliaire terrible qu'on appelle la faim — terrible, parce qu'il ne raisonne pas, qu'il ne remonte pas aux fautes lointaines dont elle est peut-être la conséquence — la faim qui crie, menace et tue. « Frappe, barbare ! s'écriaient des femmes insurgées, tu m'épargneras la peine de retourner auprès de mes petits enfants, que j'ai quittés parce qu'ils ont faim et que je ne puis apaiser leurs cris ! » Ces paroles sont tirées des rapports de police du jour.

« La faim est une rage ; elle n'a pas besoin d'armes, les dents et les ongles suffisent. Poussées par elle, les femmes sont terribles. Elles quittent le logis, comme la bête féroce quitte l'antre pour y rapporter la proie et la pâture aux petits. Elles marchent où les conduit l'instinct, où on leur dit que se trouvent l'argent et la farine. Un jour, les femmes affamées s'étaient jetées sur la route de Versailles et elles étaient revenues de la cour de marbre ramenant à Paris *le boulanger, la boulangère et le petit mitron.* Eh bien ! la Convention cachait le *boulanger* peut-être. Elle avait bien donné du pain, pourquoi n'en donnait-elle pas encore ? Est-ce qu'on vit avec deux onces de pain !

« On dit que les lionnes qui ont des petits sont plus hardies et plus courageuses que les lions. Pourquoi les mères ne seraient-elles pas plus courageuses que les hommes ? » (*Dauban*).

Extrait du rapport général de police du 17 floréal :

« *Esprit public.* Il résulte de différents rapports sur la journée d'hier que les groupes dans les rues, places et endroits publics, ainsi que les rassemblements aux portes des boulangers ont été aussi nombreux que tumultueux et fort agités. Les femmes surtout paraissaient y jouer le principal rôle, elles narguaient les hommes, les traitaient de lâches, et paraissaient ne pas vouloir se contenter de la portion qui leur était offerte. Un grand nombre d'elles voulaient se porter à l'insurrection, la plupart même semblaient décidées à attaquer les autorités constituées et notamment les comités du gouvernement, ce qui aurait eu lieu sans la prudence et la fermeté de la force armée. Il est aisé de se convaincre de ce qui vient d'être dit en jetant un œil attentif et impartial sur plusieurs rapports qui en font foi.

2º Sur celui signé Bouillon : « Hier, une multitude de femmes, de la section des Piques, après avoir refusé la portion de pain qu'on leur offrait, se sont portées au Comité de la section et de là à la Convention. Elles arrêtaient sur leur passage toutes les femmes qu'elles rencontraient et les forçaient de se joindre à elles.

3º Le citoyen Dumont termine son rapport par déclarer que l'on disait que la Convention, à force de misère, *voulait nous faire demander un roi ;* on disait encore que si sous peu de jours on ne donnait du pain, il y aurait à craindre de grands malheurs. Enfin la patience du peuple est poussée à bout.

4º Le citoyen Ramy dit absolument la même chose ; il ajoute cependant « *que le peuple dit que les députés le font exprès pour qu'il demande un roi, mais que la majeure partie ne le veut pas.* »

Ainsi la réaction entretient une misère factice, « et c'est parce que tout le monde sait que la disette est factice que le peuple demande au gouvernement de la faire cesser et qu'il s'insurge à la fin contre un pouvoir qui avait décrété l'impunité des accapareurs » (Toulougeon).

Enfin l'exaspération de la multitude, qui avait gardé toute son énergie, mais qui n'avait plus de chefs, fut poussée à bout par la discussion sur la mise en jugement de Billaud, Collot et Barrère. C'était en réalité toute la Révoluqui était en cause. Cette discussion avait agité tout Paris et comblé de joie les aristocrates qui voyaient la Révolution accusée par les Révolutionnaires eux-mêmes. Bref, le 12 germinal, les rations ayant manqué, toute la population mécontente se souleva. Mais ce mouvement, qui fut comprimé, eut pour premier résultat la déportation des trois accusés, l'emprisonnement de neuf Montagnards, parmi lesquels Cambon, et la nomination d'une commission de onze membres, presque tous réactionnaires, pour faire une nouvelle Constitution, « celle de 93 étant reconnue impraticable. »

Ce fut le dernier coup porté à la colère du peuple. Les royalistes, au contraire, ne se sentirent plus de joie, espérant glisser dans la Constitution nouvelle quelque principe monarchique qui leur permît de faire la contre-révolution par la Constitution elle-même. Le 12 germinal avait été pour eux une victoire et leur audace s'accroissait d'heure en heure. « Les émigrés rentraient à l'aide de faux passe-ports ; d'autres se rassemblaient en Suisse annonçant leur prochain retour, des prêtres réfractaires reparaissaient et remuaient les provinces. Les administrations, pleines de royalistes et de Girondins, se servaient des décrets de la Convention pour désarmer, persécuter, emprisonner les individus réputés terroristes. Dans le midi il y eut de nombreux assassinats et il se forma même des compagnies de Jéhu ou du Soleil qui égorgeaient les patriotes sur les routes et dans les maisons. A Lyon, les royalistes enfoncèrent les prisons, massacrèrent 98 détenus et les jetèrent dans le Rhône (5 floréal) » (Lavallée).

La Gironde, à son tour victorieuse, se vengeait cruellement de la Montagne et suppliciait, déportait, emprisonnait 62 de ses membres. « On eût dit, à lire les écrits des partis, à entendre les gens qui se croyaient dans la confidence, que c'en était fait du gouvernement républicain, et que la Convention n'avait plus qu'à proclamer la royauté. » (*Moniteur du 18 prairial*).

La chasse aux Jacobins prit une activité nouvelle ; les *honnêtes gens* (ainsi déjà s'appelaient les réactionnaires) croyaient tout légitime contre eux et poursuivaient sans pitié « tous ceux qui avaient gouverné, administré ou participé d'une manière quelconque aux succès de la Révolution. La perte de la République se tramait publiquement. » (*Mémorial de Sainte-Hélène*).

« Pour venger la France de la terreur passée, il s'en forma une nouvelle plus odieuse, plus atroce, sans autre motif que la vengeance. » (Thibaudeau).

« La cocarde tricolore, disait Barras, est devenue, dans plusieurs contrées du midi, un signe de proscription et de mort ; et c'était Isnard qui criait aux compagnons de Jéhu et du Soleil : « Si vous n'avez pas d'armes, déterrez les ossements de vos pères et servez-vous en pour exterminer ces brigands. » On était en République et un homme qui, le 16 frimaire, devant le pont tournant des Tuileries, avait demandé le rétablissement de la royauté et foulé aux pieds la cocarde tricolore, avait été acquitté !

De tous les suppôts de la réaction, le plus acharné, parce qu'il était le plus dépourvu d'intelligence, était la *jeunesse dorée*. C'était un ramassis de tous les jeunes gens qui n'avaient point cessé de haïr la Révolution, parce que la Révolution avait dérangé soit leurs plaisirs, soit leurs calculs de fortune, soit leurs passions.

La Révolution avait supprimé le carnaval, elle avait fait une guerre à outrance aux tripots et aux maisons de jeux ; elle avait mis la jeunesse en réquisition pour l'envoyer sur les champs de bataille. « Quand on ramassait au coin des rues de pauvres gens tombés d'inanition, les muscadins zézéyaient en riant un : *il est ivre.* Ils inventaient jusqu'à des contes, des légendes, qui, répétés au peuple, l'irritaient, le lançaient hors de lui. Un voiturier avait été vu, disaient-ils, mangeant deux ananas qui lui avaient coûté 36 livres pièce. Des ouvriers faisaient çà et là des dîners à cent francs par tête. Paris même, son Paris, n'appartenait plus au peuple. Une armée de muguets tenait les avenues, gardait les boulevards, chassait à coup de canne les Jacobins hors des jardins publics.... Les muscadins se mettaient vingt contre un, assommaient les hommes, battaient les femmes... Ces *jeunes gens à lunettes* arrachent un jour la coiffe d'une vieille femme de la campagne assise dans l'assemblée et regardant de ses gros yeux ; ils la soufflètent, ils la chassent. Le lendemain c'est un homme en carmagnole qu'ils assassinent et laissent au coin de la borne, etc.

« Déjà les Républicains parlent bas, et les royalistes, lorsqu'ils n'osent parler tout haut, ont des moyens de se faire comprendre. Ils s'abordent au Palais-Royal, dit Peltier, mystérieusement et souriant à demi : -- *Combien font*, demande l'un, *huit et demie et huit et demie? — Dix-sept*, réplique l'autre. Ou : *Quelle est la moitié de 34 ? — Dix-sept*. On se serre la main, on s'est compris. En dépit de la République et des républicains, *Louis XVII* a des sujets fidèles... Conspirations hypocrites, opposition de commérages, tartuferie du royalisme ! Tout est compromis, « six ans de Révolution semblent perdus pour les Français. » Cette révolution est devenue la grande ennemie.

... Gallais, dans la *Quotidienne*, décrit ainsi l'état moral de Paris, hier *tête des nations :* « Des marchands qui rançonnent, des mécontents qui crient, la guerre civile à quarante lieues, les plaisirs de Calypso dans la ville, l'inquiétude des esprits, l'insouciance des cœurs, des dîners d'apparat, des soupers clandestins, de petites intrigues de femmelettes, de petits journaux d'antichambre, de petites épigrammes de boudoir, un grand peuple harassé, désarmé... » *Finis reipublicæ !* »

Il semble, à lire ces quelques pages, que nous ayons oublié Pierre Bourbotte. Il n'en est rien. Ce long préambule était nécessaire. Jusqu'à nos jours les derniers Montagnards ont été calomniés. Des dictionnaires biographiques, imprimés à une époque où la critique historique n'avait pu encore faire le jour autour du 1ᵉʳ *prairial* et où la réaction avait retrouvé sa revanche dans les fourgons des Cosaques, avaient parlé de Bourbotte et de ses courageux amis comme de brigands, d'assassins et d'obscurs chefs d'émeute. Ces articles de biographie recopiés sans contrôle, les traitaient à la légère de vils intrigants, d'agitateurs du peuple dans un but d'ambition personnelle, jusqu'au jour où Quinet, Louis Blanc et tout récemment M. Claretie, ont, par le simple exposé des faits et la découverte de documents inédits, réhabilité la mémoire des *derniers des Romains*. Non ! les derniers Montagnards ne sont point les fauteurs de l'*émeute* de prairial. L'*Insurrection de prairial* est sortie de deux causes légitimes et impérieuses, la disette factice et la réaction thermidorienne, l'une qui tendait à étrangler tout un peuple, l'autre, à étrangler la République. Les documents que nous venons d'apporter, empruntés à des auteurs d'opinions peu suspectes, même pour des *honnêtes gens*, établissent d'une façon inébranlable que les Montagnards ne furent pour rien dans le mouvement qui provoqua l'Isurrection de prairial. Cette insurrection était l'explosion collective des colères de tout un peuple, chaque homme était lui-même chef de mouvement, poussé en avant par la disette factice, les menaces des royalistes et les injures des lâches muscadins. De plus, le 1ᵉʳ prairial, pendant que la Convention était le théâtre d'une horrible scène de confusion, qu'on y tirait des coups de fusil, qu'on y criait sans but et sans raison, pendant que la foule aveugle et délirante occupait les banquettes et faisait tapage, le gouvernement, c'est-à-dire les comités, siégeait dans l'autre aile du palais et restait libre de travailler à appeler du secours pour cerner la foule, laquelle fut cernée en effet. S'il y eût eu accord entre la foule et la Montagne, les Comités n'eussent-ils pas été surpris et enlevés les premiers ? De plus, quand le président de l'Assemblée, André Dumont, voulut faire évacuer la tribune, il demanda si, à défaut d'obéissance, il pouvait employer la force contre les individus qui la remplissaient. *Tous les députés* se levèrent et répondirent par un *Oui* unanime. *Tous les députés*, dit le *Moniteur*. Donc les Montagnards aussi ; donc ils n'avaient point fait envahir la Convention. Enfin à ces raisons générales qui justifient les derniers Montagnards tous ensemble, s'en joignent pour Bourbotte de particulières que nous verrons bientôt.

Cependant la réaction, malgré toutes ses sévérités envers les *terroristes*, c'est à-dire les amis de la République, n'avait fait que surexciter encore les agitations populaires, et le jour où l'on réduisit de trois à deux onces de pain la ration journalière, une révolte obligée éclata. Aussi, dès le matin du 1er prairial, la générale bat, le tocsin sonne, et une multitude de femmes et quelques bataillons des faubourgs, enveloppent les Tuileries, forcent la garde et les portes et envahissent la salle des délibérations. Tous les chapeaux portaient écrits à la craie ces mots : *Du pain, la Constitution de 1793 et la liberté des patriotes.*

Si ce petit opuscule n'était trop long déjà, nous décririons les différentes scènes de l'envahissement de la Convention; et comme, du reste, ce serait rappeler à beaucoup de lecteurs des épisodes connus, nous dirons seulement que le tumulte durait depuis six heures, quand, sur la motion d'un insurgé, le peuple envahit les gradins supérieurs, fit descendre les députés et les somma de voter ses demandes. C'est alors que quelques Montagnards, pour donner une direction au tumulte, proposèrent de faire distribuer du pain à ces affamés et réclamèrent le respect des lois établies. Mais la majorité des députés présents avait créé l'état de choses que la Montagne voulait détruire, les derniers Montagnards étaient à l'avance certains d'une défaite qui se traduisait toujours par la mort, ils n'en firent pas moins leur devoir. Lecteur, quel courage, quelle abnégation, quel amour du peuple !

Romme, Duroy et Bourbotte demandent qu'il soit fourni du pain au peuple, qu'il n'y ait qu'une seule espèce de pain pour tous et qu'il soit fait à l'instant des visites domiciliaires pour la recherche des farines. Goujon propose de faire un appel aux patriotes opprimés et de nommer une commission qui fasse exécuter les décrets de la Convention... Bourbotte, à son tour, se précipite à la tribune :

« La Convention, dit-il, vient de prendre d'excellentes

mesures, mais il en est une bien essentielle qu'elle a oubliée. Il n'est aucun membre de la Convention qui puisse contester que l'esprit public a été corrompu par une foule de folliculaires vendus aux partis que vous venez de renverser ; je leur attribue une portion des maux qui affligent la France. Ils ont couvert d'avilissement, ils ont traîné dans la boue ceux qui ont défendu la liberté, ils les ont mis sous les poignards des assassins et des contre-révolutionnaires. Il y a eu du danger à dire la vérité dans cette enceinte ; il y aurait de la lâcheté à se taire aujourd'hui. Longtemps comprimé, longtemps avili, j'élève enfin la voix, dans la Convention ; je demande qu'elle soit juste, je demande qu'elle venge les vrais patriotes, je demande l'arrestation de tous les folliculaires qui ont empoisonné l'esprit public. » (*Vifs applaudissements*). — *Plusieurs voix :* « L'ajournement ! »

La foule : « Non, non ! » Les chapeaux sont levés pour l'arrestation des journalistes.

Bourbotte propose ensuite que, pour bien terminer la journée, *la peine de mort soit abolie*, malgré les cris de la foule qui veut la maintenir : « La proposition qui vient d'être faite, s'écrie une voix, prouve que ce ne sont point des buveurs de sang qui remplissent la Convention. » (C'est comme tels cependant que Bourbotte et ses amis seront tués). Les chapeaux se lèvent et la peine de mort est abolie, excepté pour les émigrants et les fabricants de faux assignats.

Ainsi, des deux propositions de Bourbotte, l'une est de la plus haute humanité, puisqu'elle a pour but de mettre un terme au mal le plus terrible, la famine, l'autre, qui fait consacrer l'abolition de la peine de mort, est une proposition de paix et de conciliation. Et Bourbotte était un *buveur de sang* !

Alors Duquesnoy demande « que le Comité de sûreté générale soit cassé et renouvelé à l'instant, que quatre de ses collègues soient nommés pour s'emparer de ses papiers et qu'ils procèdent à la suspension des membres qui le composent actuellement. » Les chapeaux sont levés en signe d'approbation ; Duquesnoy, Prieur de la Marne, Bourbotte et Duroy sont nommés pour composer cette commission. Ils jurent tous « que, quelque pénible que soient les fonctions que la Convention vient de leur confier, ils sauront les remplir avec courage. »

Il est minuit ! Soubrany invite ses quatre collègues à partir sur le champ. Ils partent ; mais, sommée par eux de se retirer, la foule refuse, un combat s'engage avec la force armée et les révoltés s'enfuient. Bourbotte et ses collègues crient *Victoire!* du haut de la tribune et de leurs bancs. Les révoltés se retirent, laissant au pouvoir de leurs ennemis les députés qui viennent de se dévouer pour le peuple ; et aussitôt la réaction se relève ! - « J'insiste surtout sur l'arrestation des députés qui, par leurs motions, ont secondé les séditieux, » dit Thibaudeau. « Je crois que nous ne devons plus épargner les quatre dictateurs qui ont été nommés pour aller surprendre le Comité de sûreté générale et s'emparer de tous les pouvoirs, » s'écrie Delahaye. Le président donne des ordres pour qu'ils ne puissent sortir de la salle, la peur pousse à tous les excès même les députés d'ordinaire modérés, et quand Defermon demande que l'on dénonce les provocateurs de la révolte, un seul cri lui répond : *C'est la Montagne ! Plus de demi-mesures !*

Ainsi, la réaction, pour se justifier à l'avance d'un meurtre qu'elle était bien résolue à commettre, emploie son moyen favori, la calomnie.

Bourdon de l'Oise se lève, accuse tous les Montagnards, excepté Prieur qui n'a pas dit, comme Bourbotte, « qu'il acceptait ses fonctions avec joie, dût-il périr » ; et les tribunes retentissent de ce cri : « *Qu'on les juge demain ! — Non*, dit Tallien, *il ne faut pas que le soleil se lève et que les scélérats existent encore.* »

Bourbotte, Duroy et Duquesnoy sont décrétés d'arrestation ; Bourdon demande qu'ils se rendent à la barre et que la force armée s'en empare. Cette proposition est décidée au milieu des plus vifs applaudissements ; Bourbotte et ses collègues se rendent froidement entre les mains des gendarmes.

Alors la Convention présente le spectacle le plus triste et le plus désolant. Les lâches, qui tout à l'heure se taisaient, tremblant devant la foule, se redressent hautains avec des gestes violents et des paroles de mort sur les lèvres. Tallien surtout se fait remarquer : *Vengeance, citoyens, vengeance prompte !* Puis on complète la liste des accusés, des *auteurs* de l'émeute. Voyons un peu, comment, pendant cette journée, avait employé son temps le *conspirateur* Bourbotte.

« Dans son modeste appartement de la rue Neuve-des-Bons-Enfants, nº 10, il travaillait, lorsqu'il entend du bruit dans la rue, appelle son domestique et s'informe. Au même instant arrive son ami Forestier. Il était neuf heures du matin ; Forestier lui apporte une lettre en le priant de la mettre à la poste de la Convention.

— Pourquoi cette rumeur ? demande Bourbotte. Je parie que ce sont encore les femmes qui s'agitent.

— C'est un mouvement, répond Forestier, que tente la populace pour avoir occasion de piller.

Au moment de le quitter, Bourbotte dit à Forestier :

— J'enverrai ce soir chercher du pain chez vous pour le dîner, si celui que j'attends de la campagne n'arrive pas.

Et ce *chef de conspiration* descend à jeun dans la rue. Il traverse le Palais-Égalité, ne remarque rien sur les visages, et entre à dix heures à la Convention. Avant de s'asseoir à sa place, il passe au bureau où l'on vendait des fournitures, du papier, des plumes aux députés et écrit à son ami, à la campagne, en lui réclamant du pain. Sa lettre et celle de Forestier mises à la poste, il gagne son banc et y demeure. Il y demeure tout le jour, il y demeure quand la nuit arrive. Il oppose une attitude fière aux menaces des insurgés. Un homme s'approche de lui, ricanant et lui disant : « La Convention est cernée, quarante mille hommes vous assiègent ; vous irez tous dans les cachots, mais auparavant rendez compte de l'or et des grains de la France. » Bourbotte ne répondait point. L'insurgé, les yeux hagards, à figure noire, armé d'une longue pique, semblait s'être attaché à lui, l'avoir choisi dans la Convention. Il ne le quittait pas, le frappait parfois à coups de poings sur la tête. Bourbotte, dominant sa colère, se retournait alors et se contentait de sourire. Un coup rendu à cet homme, et la lutte commençait et peut-être un massacre général. Bourbotte s'éloigna doucement, ruisselant de sueur, couvert de la poussière que les insurgés soulevaient en frappant du pied dans les tribunes. Il était accablé, l'estomac tiraillé, sans avoir mangé de pain depuis vingt-quatre heures. Lorsque, au dessus de ces têtes hurlantes, parut la tête aux lèvres crispées de Féraud, il se sentit pris d'une soudaine faiblesse. L'émotion, l'inanition l'accablaient. On l'invite à prendre l'air, il descend dans un café avec l'adjudant général Liébault et « il boit un verre de vin pour se remettre ; à l'instant, une forte vivacité succède chez lui à l'abattement. » Cet homme exténué, soudain ragaillardi par le vin, se redresse ; il éprouve le besoin de parler, d'agir, de lutter. Il rentre. Ce n'est plus le même homme. Il court à la tribune. On le presse de parler, il parle, mais pour le salut de l'Assemblée et de la patrie. Au moment où Mathieu et Kervélégan, faisant irruption dans la Convention par la porte de droite, à la tête de leur colonne, étaient attaqués, repoussé, exposé à être massacré sans que personne prît sa défense, Bourbotte, n'écoutant que son courage, se précipite de la tribune, s'élance entre Kervélégan et un insurgé qui tenait le sabre haut, et reçoit bravement le coup destiné à son collègue. Et Bourbotte, comme les autres, était un conspirateur ! Bourdon (de l'Oise) pendant toute cette journée lui avait parlé amicalement. Charles Delacroix, placé à ses côtés, lui avait dit : « Je crois que c'est vous qui avez sauvé la Convention, et je saurai le déclarer. » Et Bourdon (de l'Oise) l'accusait, et Delacroix le laissait arrêter! »

Tous, comme Bourbotte, pouvaient établir heure par heure l'emploi qu'ils avaient fait de leur temps dans cette journée terrible ; mais « entraînés par la passion et aveuglés par l'esprit de parti » (c'est le réactionnaire Thibaudeau qui parle ainsi), leurs ennemis sont déjà leurs bourreaux.

Bientôt on multiplie les visites domiciliaires, on fouille les hôtels, les hôpitaux même, pour découvrir des suspects, et ce furent des soldats, habitués aux mesures de rigueur, qui allaient disposer en toute hâte du sort de simples citoyens : les Montagnards allaient être jugés par une Commission militaire. — « Qu'est-ce qu'une commission militaire ? s'écrie alors une voix courageuse. Un tribunal arbitraire, redoutable même à l'innocence, sans instruction, sans formes, sans jurés, sans défenseurs, enfin sans aucune des garanties protectrices que la loi accorde ordinairement aux accusés. » Qui parlait ainsi ? c'était une femme, une mère, la mère de Goujon qui ajoutait, en protestant contre une mesure applicable seulement en temps de guerre : « J'interroge l'histoire ! Elle me répond que toutes les magistratures extraordinaires ont dévoré la liberté des peuples. » Ce fut la réaction de prairial qui, la première, employa le militaire dans les actes du gouvernement, ce fut elle qui donna au sabre le droit de trancher les discussions publiques, ce fut elle qui, la première encore de ce côté, autorisa les coups d'Etat !

Les Montagnards avaient donc été arrêtés, ou plutôt enlevés, dans la nuit du 1er au 2 prairial. De là, conduits au Comité de sûreté générale, dans la salle même où Robespierre avait été jeté sanglant sur une table neuf mois auparavant, ils écrivirent en toute hâte à leurs femmes et à leurs amis. Pendant ce temps des voitures se préparaient afin de les emmener pour une destination inconnue..... Bourbotte pensait à ses deux enfants ! Toujours gai, riant de tout, retrouvant en face du danger sa verve et son éloquence gaillardes, Bourbotte gagna l'escorte, l'amena à la pitié par ses plaisanteries, si bien qu'un des gendarmes se chargea de porter les lettres des prisonniers à leurs familles et que l'occasion de s'échapper se présenta mille fois à eux. Ils ne le voulurent point, ils n'étaient pas des déserteurs. Enfin, arrivés à Dreux, ils apprirent qu'on les conduisait au fort du Taureau. « On les fit passer dans des pays infestés de chouans, et, dans la route, rien ne fut négligé pour qu'ils fussent assassinés. Ils en coururent plusieurs fois le risque » (Tissot). La réaction n'osait pas même les faire mourir franchement ! A chaque relai ils envoyaient de leurs nouvelles et leur défense se trouve déjà tout entière dans ces lettres confiées à de « braves gens, » comme disait Bourbotte.

« Je ne crains pas la mort, » ajoutait-il. Et, comme

seule justification, « il demandait à un ami qu'on imprimât un récit de la conduite qu'il avait tenue pendant la journée du 1er prairial ainsi que ses registres de correspondance comme représentant. On verrait bien de la sorte s'il avait jamais conspiré. Il invoquait le témoignage de tous ses amis et l'opinion des armées de l'ouest et de la Moselle, dont il avait partagé les fatigues et les dangers. Certain de rencontrer la mort au bout du voyage, il ajoutait : « Prends ma défense. Je suis sacrifié, je m'attends à périr, mais je mourrai avec la fierté républicaine. » Il croit pourtant, le malheureux, avoir dans ses registres, dans sa correspondance, dans ses différents actes imprimés « un rempart contre toute espèce d'accusation. Ces différentes pièces renferment, tu le sais, la preuve d'un travail immense qu'on ignore et dont je n'ai jamais voulu parler par pudeur et par modestie. Eh bien ! dis à chacun d'aller puiser dans ce recueil... » Bourbotte ignore donc que ce passé même, qui le défend, parlera au contraire contre lui, viendra le condamner devant ses juges. C'est ce passé dont il se fait gloire qui le tue. Ce sont ces registres qui le font coupable aux yeux des triomphateurs thermidoriens. Il oublie d'ailleurs bientôt, dans ses lettres, son salut et sa défense pour songer à *son petit Scævola*, *à son cher enfant* : « Je ne sais si j'aurai le bonheur de le revoir encore. » Il n'oublie pas l'autre orphelin, Savenay, le petit Vendéen. Et, par un délicat sentiment d'amitié : « Fais rester chez moi mes deux enfants, dit-il, habite toi-même ma maison, mets ordre à tout, prends soin de mes papiers, dont la conservation est si utile à ma mémoire. » Enfin, pour être maître de sa vie et l'arracher, le moment venu, à ses bourreaux, il demande *surtout le petit meuble oriental*, ce poignard qu'il portait toujours du côté du cœur quand il était aux armées, ou, *en place ce qui peut lui rendre le même service.* »

Ils savaient bien que leur arrêt était déjà prononcé, ils connaissaient la rancune lâche de leurs ennemis, ils avaient lu leur sentence dans les journaux de la réaction qu'ils trouvaient le long de la route et chantaient déjà l'hymne de mort que leur avait composé Goujon :

. . . .
De l'homme nous perdons les droits ;
Qu'avons-nous besoin de la vie ?

. . . .
Mourons tous pour l'égalité ;
Sans elle il n'est plus de patrie.

Liberté, veille à notre gloire,
Assieds-toi sur nos corps sanglants !
Qu'ils restent devant nos tyrans,
Et les flétrissent devant l'histoire !

Ils n'étaient que depuis cinq jours au fort du Taureau, quand le gouverneur du fort leur annonça qu'ils allaient partir pour Paris et qu'ils seraient jugés par une Commission militaire. Aussitôt ils sentirent que, si le sabre était au-dessus de la loi, c'en était fait de la Constitution, qu'ils avaient juré de défendre, et de la République, pour laquelle ils s'étaient sacrifiés. Il ne restait plus qu'à mourir ! Alors, dans cette prison battue des flots, se déroule une scène, plus grande et plus terrible peut-être que les grandes tragédies des anciens Grecs. Après avoir examiné les différents moyens de mourir libres — car la suprême liberté que l'homme de cœur se résigne à perdre est celle de décider lui-même de sa mort — tous se levèrent, et, la main étendue, avec la décision la plus calme, firent le serment de se poignarder au tribunal. Un seul cri sortit de leurs poitrines : *Vive la République !* Maintenant, ils ne craignaient plus rien, le bourreau pouvait venir.

Le 22 prairial, ils étaient de retour à Paris, et, pendant les deux jours qu'ils passèrent à la maison des Quatre-Nations, ils rédigèrent leur défense et plaidèrent leur cause moins pour leurs juges, il est vrai, que pour la postérité. La longue défense de Bourbotte, un gros manuscrit qui formerait un beau chapitre de l'histoire de la Révolution française, est trop longue pour que nous puissions l'insérer ici. En voici la substance :

Comme ses amis, Bourbotte « n'a jamais conspiré que pour le bien de la République ; il ne savait rien du mouvement insurrectionnel de prairial, il ne l'a connu que le matin par le rappel qui se battait dans les rues; il n'en est ni l'un des auteurs, ni l'un des fauteurs, ni l'un des complices; il avait le droit, comme représentant du peuple, de manifester son opinion, comme tous les autres députés avaient le droit de la réfuter ; il a demandé le renouvellement des comités du gouvernement, parce que ceux-ci ne s'étaient pas conformés aux décrets de la Convention ; il a été lui-même menacé, insulté par les factieux, il a voulu, il veut encore le salut de la République, il mourra victime de la tyrannie et en appellera à la postérité... »

Dans la nuit du 23 au 24, sous la garde des sabres et des baïonnettes, ils sont conduits, rue Neuve-des-Capucines, dans la maison d'arrêt, au local même de la Commission. Le jugement fut remis au lendemain 25.

« L'auditoire était nombreux, et le président avait, la veille, donné des ordres sévères : les citoyens qui voudraient assister à la séance du lendemain ne pourront monter l'escalier ni entrer sous le vestibule avant que l'officier de gendarmerie en ait reçu l'ordre du président. Les députés ne pourront recevoir les personnes qu'ils ont été autorisés à voir que jusqu'à neuf heures, et les portes des salles précédant celles où ils sont détenus seront fermées jusqu'à l'heure de l'ouverture de la séance. La visite des accusés sera faite par le concierge de la prison, et en présence d'un officier et de huit gendarmes. Cette opération faite, personne ne pourra communiquer avec eux.

On s'était rendu là comme à un spectacle. Les jeunes gens de la bande de Fréron, les zézayeurs en cadenettes s'y contournaient à côté des femmes à la mode, décolletées, souriantes, blasées, avides d'émotion saignante. On entendait, dans ces groupes élégants et poudrés, des propos infâmes ; il sortait de ce fumier parfumé des paroles de tricoteuses, et les cyniques plaisanteries des alentours de guillotine couraient, ricanaient sur ces lèvres peintes. « Mon Dieu, que de lenteurs! Pourquoi tant de façons avec des brigands? il faut en finir! Que ne les fusille-t-on dans la cour de la Commission? » « J'ai, dit Tissot, entendu ces choses et beaucoup d'autres. » Les parents entendaient aussi, les amis des accusés regardaient ce tribunal de soldats aux rudes figures, que dominait la belle tête du président aux cheveux blancs.

« Chacun des accusés, dit Aimé Jourdan, dont la déclaration fut insérée au *Moniteur*, était amené séparément pour être confronté avec les témoins. Il était placé sur une chaise en face du président et avait à ses côtés deux grenadiers qui portaient le sabre nu. » Pendant qu'on l'interrogeait, la foule riait ou parlait haut, et parfois une lâche injure, quelque insulte anonyme venait frapper au cœur le proscrit, tout-à-l'heure martyr, qui pourtant ne sourcillait pas. »

Comme pour Duquesnoy et Soubrany, l'atroce comédie des témoins cités à décharge qui venaient accuser l'accusé, se renouvelle pour Bourbotte. Toutefois Liébault dépose en sa faveur. Forestier, juge au tribunal du second arrondissement et qui avait, avec Bourbotte, administré le département de l'Yonne, déclare que son ancien collègue a toujours marché dans « le sentier de la liberté. » Mais quoi ! ce jour fatal du 1er prairial, il était, croit-il, *un peu pris de vin*, ce qui arrivait quelquefois à Bourbotte, « sans que pourtant il en prît une très-grande quantité, et surtout depuis sa mission en Vendée, où il a, dit Forestier, éprouvé une fièvre putride qui lui a affaibli le cerveau. » Bourbotte entendit en souriant cette déposition. Pendant que les juges l'interrogeaient, pendant que les assistants l'injuriaient, comme ils avaient injurié ses compagnons, il tournait négligemment sa tabatière entre ses doigts, jouait avec elle, et répondait avec sa grâce et son esprit habituels. Cet enjouement, d'ailleurs, avait aussi de la grandeur. Bourbotte, le sourire sur les lèvres, parla de son amour de l'humanité, de cette sérénité de l'innocence qu'il aurait jusqu'à son dernier soupir. Après avoir à demi-raillé ses accusateurs, il avoua qu'en se mettant à la disposition de la Convention, il n'avait ni projet, ni plan, et suivait *les mouvements de son cœur*. « J'étais capable, dit-il, tout naturellement, des plus grandes choses comme des plus simples. » Et, redressant la tête, le Gaulois redevenait Romain : « La crainte de la mort, dit-il fièrement, est au dessous de mon courage et ne me ferait jamais désavouer une seule de mes actions. »

Enfin, le 29, la Commission fit comparaître devant elle les huit accusés. Ils étaient debout, devant leurs juges, dont il étaient séparés par le bureau et par six grenadiers placés à chaque extrémité, quand le secrétaire leur donna lecture du jugement dont voici la teneur :

Liberté. — Egalité. — Justice. — Humanité.

Paris, 20 prairial, l'an IIIe de la République française une et indivisible.

« Au nom de la République, la Commission militaire établie en vertu de la loi du 4 prairial de l'an III, pour juger tous les faits relatifs à la Conjuration du premier du même mois et à la révolte qui en a été la suite, ayant fait comparaître devant elle, dans le lieu ordinaire de ses séances :

« 1° Gilbert Romme ;
« 2° Jean-Michel Duroy ;
« 3° Jean-Marie-Claude-Alexandre Goujon ;
« 4° Pierre-Jacques Forestier ;
« 5° Pierre Bourbotte, âgé de 32 ans, représentant du Peuple du département de l'Yonne, né au Veau, district d'Avalon, même département, demeurant à Paris, rue Neuve-des-Bons-Enfants, n° 10, section de la Butte-des-Moulins.
« 6° Ernest-Dominique-François-Joseph Duquesnoy ;
« 7° Pierre-Amable Soubrany ;
« 8° Jean-Pascal-Charles Peyssard ;
« Tous accusés par la loi du huit du présent mois d'être auteurs, fauteurs et complices de la rébellion du 1er prairial et jours suivants contre la représentation nationale et la République française, et renvoyés par la même loi devant la Commission militaire pour y être jugés. . . . . .

« Et attendu que par tous ces faits, lesdits Romme..., Bourbotte... se sont montrés les auteurs, fauteurs et complices des désastreux événements qui ont eu lieu dans la journée du 1er prairial ; qu'ils ont conspiré contre la République, provoqué à la dissolution de la Convention nationale, à l'assassinat de ses membres, entrepris par tous les moyens, d'organiser la révolte et la guerre civile, de ressusciter tous les excès, toutes les horreurs de la tyrannie qui ont précédé le 9 thermidor ;

« La Commission militaire, attendu que les accusés sont atteints et convaincus, tant par la déposition des témoins que par leur propre aveu,

« Savoir :

. . . .

« Pierre Bourbotte :

« 1° D'avoir applaudi à toutes les propositions de Romme, Duroy, Goujon et autres, tendantes au réarmement des terroristes, aux visites domiciliaires, à la permanence des sections, au renouvellement des Comités, et dit, lorsqu'elles furent adoptées, *que la Convention venait de prendre d'excellentes mesures;*

« 2° Proposé l'arrestation de tous les folliculaires :

« 3° D'avoir été l'un des quatre membres qui devaient former la Commission extraordinaire, remplacer le Comité de sûreté générale, s'emparer de ses papiers ; d'avoir accepté cette place, promis d'en remplir les fonctions et d'être toujours prêt à exécuter les décrets de la Convention nationale.

. . . .

« La Commission militaire condamne lesdits Romme..... Bourbotte..... à la peine de mort ;

« Ordonne qu'ils seront livrés à l'exécuteur des jugements criminels, que le présent jugement sera par lui exécuté dans le jour sur la place de la Révolution. . . . . »

Dans le jour, disait la Commission, et il était onze heures et demie du matin !

Ainsi, c'est au nom de la *Liberté*, de l'*Egalité*, de la *Justice* et de l'*Humanité*, que les thermidoriens, par l'entremise de la Commission, lancent contre les Montagnards ces infâmes et iniques conclusions. Pour la réaction, c'était *conspirer contre la République* que de demander le respect de la loi et de la Constitution ; c'était *organiser la guerre civile* que de demander pour des affamés ces milliers de sacs de farine cachés dans Paris même ; c'était *ressusciter toutes les horreurs de la tyrannie qui avaient précédé le 9 thermidor*, que de réclamer et d'obtenir, comme Bourbotte, l'abolition de la peine de mort! Du reste, il est facile de connaître quels sentiments animaient *ces monstres,* par cette lettre que Bourbotte écrivit quelques heures avant de mourir :

« Je déclare à toute la France, à l'Europe entière, à la postérité, que jamais je ne fus coupable du crime qui me fut imputé d'avoir participé en quelque chose au soulèvement qui eut lieu le 1er prairial. Je déclare que, dans cette journée comme dans tous les instants de ma vie politique, je ne fus attaché à aucun autre parti que celui de la Convention nationale tout entière, que je ne tins à aucune faction, à aucune conjuration. On trouvera dans mes registres, dans ma correspondance les preuves les plus convaincantes de la pureté de mon âme. On les trouvera encore dans le témoignage de tous ceux qui me connaissent et dans celui des armées de l'Ouest, du Rhin et de la Moselle, à la tête desquelles j'ai combattu pour la liberté. Je déclare donc que je meurs immolé et assassiné, mais je pardonne à ceux qui m'arrachent la vie. Je la perds sans regret, parce que je suis convaincu que ma mort sera encore utile à la patrie.

« Peuple français, tu as encore de grands ennemis, tu les connaîtras quand je ne serai plus. Je pardonne aux miens, j'invite tous ceux des représentants du peuple qui sont encore fidèles à la patrie à ne point se laisser tromper par les protées politiques qui les égarent ; je les invite, ainsi que tous nos concitoyens, à la paix entre eux, à l'union, à la fraternité et au courage. O ma patrie, toutes mes actions, tous mes vœux furent consacrés à ton bonheur ! O liberté, je ne vivais que pour toi et par toi ! O République, tu n'eus pas de plus fidèle ami que moi ! je meurs pour avoir voulu vous défendre. Puissiez vous triompher bientôt de tous vos perfides ennemis.

« Je recommande mon malheureux fils aux soins obligeants de tous ceux que ses malheurs et les miens pourront intéresser. O courageux Caton, ce ne sera pas de toi seul qu'on apprendra de quelle manière des hommes libres savent se soustraire à la tyrannie.

« Vive à jamais la liberté, l'égalité et la République française une et indivisible. »

En vérité, messieurs les thermidoriens, c'est bien là le langage d'un *monstre*, d'un *buveur de sang !*

Quand Bourbotte invoque le « témoignage de tous ceux qui le connaissent », il semble surtout penser à son compatriote et ami Davout, comme lui, enfant du département de l'Yonne. Davout, plus jeune de sept ans que Bourbotte, né d'une très-noble et très-ancienne famille du duché de Bourgogne, avait de bonne heure jugé Bourbotte et le cultivateur de Vault était bientôt devenu son intime ami. Mais Davout, quoique Bourguignon, n'avait pas, à ces heures de trouble, l'impétueuse audace du conventionnel ; il faisait son chemin aux armées, comme un brave, mais sans se compromettre en rien, sans éveiller l'attention ni des uns ni des autres. Aussi, quand il apprit les événements du 12 germinal, tremblant de savoir son fougueux ami mêlé aux tempêtes de la Convention, lui adressa-t-il quelques conseils qui devaient lui arriver trop tard et qui, même à temps, eussent été superflus.

« Au quartier général, à Spire, le 4 prairial, l'an III de la République française une et indivisible.

« Le général de brigade Davout à son ami Bourbotte.

« ......,... Il paraît qu'on a jeté encore dans l'Assemblée comme une pomme de discorde la Constitution de 1793..... Que je voudrais donc te voir réuni avec moi ! Que d'inquiétudes de moins ! *je ne craindrais pour tes jours qu'un jour d'action !* Eh bien ! je t'avouerai que dans le poste délicat que tu occupes je crains sans cesse. Je t'en conjure, au nom de mon amitié, éloigne-toi de toutes les factions....... » Puis Davout, qui craint moins pour son ami une balle prussienne qu'un décret d'accusation, lui demande s'il n'a point réclamé, en germinal sans doute, l'appel nominal. Et avec une touchante sollicitude, il ajoute : « Vois, si cela était !.... Persécuté, enfermé dans un château de Ham, des journalistes auraient imprimé que tu étais un scélérat. Tous ceux qui auraient lu le journal et qui, comme moi, n'auraient pas été ton camarade d'enfance, ton ami, qui ne connaissent pas comme moi, ou ceux qui ont vécu avec toi, ta belle âme, ton cœur généreux et obligeant, ta bravoure ; qui ignorent que tu t'es battu dans la Vendée, comme un brave soldat, que tu as eu des chevaux tués sous toi, tous ceux-là, dis-je, le croiraient. Tes ennemis profiteraient de la circonstance, et s'ils ne parvenaient pas à te perdre, au moins il resterait toujours une cicatrice des calomnies qu'ils auraient débitées à leur aise sur toi... Ancre-toi toujours au port, qui est la majorité de la Convention... Je t'embrasse comme je t'aime. »

Une pareille lettre est le plus bel éloge de Bourbotte. Mais Bourbotte mettant au dessus de l'amitié de Davout l'amour de la République et de la France, n'eût point failli à son devoir. Il y avait longtemps qu'il était assuré de son avenir et qu'il avait, pour ainsi dire, décrété sa propre mort. Il portait toujours du côté du cœur un petit poignard oriental qui l'assurait de ne jamais tomber vivant aux mains de ses ennemis. Un jour, dans le plus fort de la réaction, dans un de ces jours où la patrie et la liberté pouvaient périr d'un instant à l'autre, Bourbotte, étant le matin avec un de ses amis, entendit un bruit inquiétant ; il ouvre la fenêtre, et, après avoir longtemps écouté, il dit, en tirant son poignard de dessous son habit et en l'appuyant sur son cœur : « Il y a quelque chose d'extraordinaire dans Paris, peut-être un mouvement royaliste ; mais, quoi que ce puisse être, je ne crains rien, et voilà le moyen de n'avoir pas la douleur de tomber entre les mains des tyrans. »

Ah ! bien rares sont les exemples d'un pareil courage ! L'homme qui cède à une pensée généreuse, dans une minute d'entraînement, pour se sacrifier au bien de tous est grand, sans doute. Mais bien plus grand, mille fois plus grand celui qui a fait dès longtemps le sacrifice de sa vie et qu'une longue réflexion affermit de plus en plus dans l'accomplissement d'un devoir fatal !

Tel fut Bourbotte !

A midi, les condamnés furent ramenés au tribunal pour entendre la lecture du jugement ; tous gardèrent un calme impassible. Bourbotte jouait toujours avec sa tabatière : « Les ennemis de la liberté, dit-il en bravant la foule du regard, ont seuls demandé mon sang. Mon dernier vœu,

mon dernier soupir sera pour la patrie ! » Les condamnés déposent sur le bureau leurs cartes de députés, leurs portefeuilles pour être remis à leurs familles. Le président les fait retirer, et, quelques instants après, le tribunal allait lever sa séance, quand l'officier de garde se précipite dans l'enceinte, tenant à la main un couteau ensanglanté. On venait de l'arracher de la main crispée de Bourbotte. Il s'était frappé, en présence des gendarmes et de la foule, avant d'entrer dans la salle du rez-de-chaussée qui servait de prison aux accusés : « Voilà comme un homme de courage doit terminer ses jours! » s'était-il écrié en tombant (1).
« Duroy prit le couteau des mains de Duquesnoy et le tendit à Soubrany après se l'être plongé dans la poitrine. En ce moment on apportait Bourbotte qui, sanglant, souriait encore. Duroy se tordait. « Mon pauvre Duroy, dit Bourbotte, je te vois souffrant beaucoup ; mais console-toi, c'est pour la République ! »

Ils avaient juré de mourir ; ils avaient tenu leur serment. Quand l'officier de santé, mandé par la Commission, arriva en hâte, il en trouva trois morts. Bourbotte était *presque mourant*. Volontiers on eût prié le chirurgien de faire vivre les condamnés jusqu'à la guillotine

Le bourreau attendait dans la cour. Il y avait là des curieux, des privilégiés, des affamés d'horreur qui demandaient *à voir*. On fit monter, on porta les condamnés, tout sanglants, dans la charrette. Il était une heure Bourbotte, indifférent, presque enjoué, l'œil paisible, la chemise rabattue sur ses épaules, couvert de sang, regardait la foule. Pendant le trajet de la maison d'arrêt à l'échafaud, bien assis et l'attitude fière, il ne dit pas un mot ; il semblait curieux de ce qui se passait autour de lui et portait haut la tête. Ce fut lui que Samson garda pour la fin. « Bourbotte voulut parler alors à ces rares spectateurs que le rouge

---

(1) Ils n'avaient pour tout que deux couteaux et une vieille paire de ciseaux ; ils s'en servirent l'un après l'autre et tous se frappèrent au cœur.

Le couteau dont s'est frappé Bourbotte est encore aux archives nationales, joint aux dossiers de cette terrible affaire.

spectacle attirait là. Pendant qu'on l'attachait sur la planchette, il parlait ; il parlait encore dans le cou de la lunette, lorsque le bourreau s'aperçut que le couteau n'avait pas été remonté. Pour relever l'instrument, il fallut redresser Bourbotte. L'intrépide martyr employa ce temps à parler encore à ceux qui l'entouraient : « Je meurs innocent, disait-il, et je désire que la République prospère ! » C'était l'éternel testament de ceux qui mouraient pour l'Idée. Tués par la liberté, ils criaient liberté jusqu'à la dernière heure. « Vive la République ! répétait Bourbotte, et sa tête tomba. » La réaction savait bien ce que valaient ceux qu'elle venait d'immoler. Elle avait pour longtemps décapité l'avenir. »

Et maintenant, les craintes des Montagnards étaient-elles fondées? Étaient-ils des agitateurs intéressés quand ils conjuraient leurs collègues d'apaiser la faim du peuple et de pratiquer sincèrement la Constitution existante? Les rapports de police vont parler pour nous *Rapport du 9 thermidor :* « ...... Toutes les observations des inspecteurs de police ont pour objet de nous entretenir de la ruine publique relativement à la cherté des denrées et des marchandises, tellement haute, tellement progressive, qu'elle paraît ne plus avoir de bornes, ce qui fait dire à beaucoup de citoyens : *Il faudra donc pour vivre être voleur ou agioteur ?* Les agents de police ont encore remarqué que le public continue à se plaindre très-amèrement de la libre exposition du pain, que l'on vend publiquement et avec une espèce de dureté dans les cours du Palais-Egalité et autres lieux à 16 *fr. la livre ;* de là, ce propos banal : *Il n'y a plus que les riches qui pourront subsister.* »

Rapport du 20 messidor : « Valet, dans son rapport du 17, annonce que la veille il y avait une grande quantité de citoyens au perron du Palais-Egalité, qui, voyant du pain et ne pouvant en acheter à cause de la cherté, disaient : « *Il est bien fâcheux de voir du pain partout, d'avoir faim et de ne pouvoir en manger.....* »

Rapport du 4 thermidor : « ..... Les œufs se sont vendus 740 livres le mille; la sachée de pois, 204 livres ; les fromages de Brie du plus grand moule, 400 livres la douzaine ; les haricots, 8 à 9 livres le litron ; la viande, 9 livres la livre ; la chandelle, 50 livres la livre ; les pommes de terre, 40 livres le boisseau........ le bois flotté du chantier de la Râpée s'est vendu 266 livres la voie; au port Bernard 290 à 300 livres; le bois neuf à l'île Louviers, 380 et 450 livres, les marchands cordant fort mal. » (*Dauban*).

C'était donc vrai, le riche seul pouvait vivre ! Aussi le peuple fut abattu, et le 1er prairial fut sa dernière convulsion.

Après Paris et Lyon, « Arles, Aix, Tarascon, vingt-cinq autres villes et dix départements eurent leur 2 Septembre, avec des circonstances plus odieuses que les massacres de Paris, car les égorgeurs royalistes satisfirent seulement des inimitiés personnelles ; ils tuèrent, sans raison comme sans nécessité, des gens obscurs qui ne pouvaient rien changer à la situation des partis ; ils dansèrent des farandoles autour des cadavres. Le plus affreux de ces massacres fut celui du fort Saint-Julien à Marseille (17 prairial) où 200 détenus furent massacrés sous les yeux de Cadroy, qui encourageait les assassins............... » (*Lavallée*).

La réaction suivit librement son cours et après avoir terrassé le peuple par la faim, sa vengeance inassouvie, elle le vainquit encore par la force brutale. Pour longtemps le peuple ne comptera plus. Car, au 13 vendémiaire, ce n'est plus le peuple qui paraît, le peuple qui porte la blouse, mais le peuple qui porte l'habit. « A coups de fusil et de baïonnettes, on le força de rentrer dans la boutique et le logis. Il y rentra et n'en sortit plus. La République ne devait avoir désormais d'autres défenseurs que la garde qui veille à la porte du Louvre et celle qui patrouille dans la rue. » (Dauban).

Mais la réaction fut punie par où elle avait péché ; elle avait désarmé le peuple et méprisé la loi : vint un jour un aventurier qui à son tour la désarma et méprisa la loi ! Et tandis que les derniers Montagnards étaient noblement tombés pour le salut de la Patrie et le respect des lois établies, elle ne sut, elle, que s'enfuir piteusement, chassée à coups de plats de sabre par un Buonaparte, sans avoir rien fait pour sauver la Constitution menacée !

Et enfin, comme conclusion, quelle salutaire leçon tirer de la vie de Bourbotte et des Montagnards ses frères?

Si leur tentative de diriger le mouvement populaire, née d'une inspiration généreuse, eût abouti, des milliers de Français eussent vécu, les haines ne se fussent pas accumulées et avec elle les vengeances à tirer ; la Révolution, sortie de sa période de sang, eût accompli pacifiquement ses dernières réformes; la nation, privée de ses membres essentiels, n'eût pas été contrainte à subir le joug du plus arbitraire des despotismes..... Où s'arrêter dans ces conséquences faciles à poursuivre ? La réaction, avec ses muscadins aux mœurs abâtardies, avec son mépris de la loi, avec ses vengeances occultes, avec sa presse jésuitique, a donné ce jour-là un funeste exemple aux générations suivantes, et l'on vit bientôt un aventurier corse — tant a d'influence l'exemple tombé de haut — au milieu de citoyens sans caractère, ressusciter plus brutalement encore le coup d'état des thermidoriens. Les thermidoriens porteront aussi devant la postérité le fardeau d'avoir voulu, par vengeance personnelle, anéantir un peuple de concitoyens, et, au lieu d'appliquer les lois établies ou tout au moins d'avoir fait l'essai loyal de la Constitution, miner sourdement un pouvoir qu'ils avaient charge de consolider. Mais alors la République comptait peu de Républicains! que d'enseignements pour notre époque! Sachons imiter les derniers Montagnards ; ils ont fait le sacrifice de leur fortune et de leur vie au triomphe de leurs idées, et leurs idées furent de celles qui élèvent et glorifient le plus notre pauvre humanité; car, plus grands que Caton qui ne mourait que pour lui, ils sont morts pour l'amour du peuple, pour la loyauté et la générosité politiques, pour le désintéressement, le dévouement à la patrie, surtout pour la religion de la Loi. Gloire immortelle aux derniers Montagnards ! Gloire immortelle à Bourbotte.

E. CHAMPION.